DER

FEEN-ATLAS

LAURENCE KING

Laurence King Verlag GmbH
Jablonskistr. 27, 10405 Berlin, Deutschland
www.laurencekingverlag.de

Erstmals erschienen in Großbritannien 2022 unter dem Titel
The Fairy Atlas bei Laurence King Publishing

ISBN: 978-3-96244-225-5

FSC MIX Papier | Fördert gute Waldnutzung FSC® C104740

Hergestellt in China, 2. Auflage März 2025 von
Laurence King, einem Imprint der
Hachette Children´s Group, Carmelite House, 50 Victoria
Embankment, London EC4Y 0DZ, einem Unternehmen von
Hachette UK, www.hachette.co.uk, www.hachettechildrens.co.uk

Laurence King Publishing setzt sich für eine ethische und nachhaltige Produktion ein. Wir sind stolzes Mitglied des Book Chain Project ®. bookchainproject.com

BOOK CHAIN PROJECT

Die Geschichten und Informationen in diesem Buch stammen aus den alten traditionellen Erzählungen und der Folklore vieler Völker der Welt. Die Autorin hat jeweils eine Erzählung ausgewählt, obwohl es viele verschiedene Versionen jeder Geschichte oder Tradition geben kann.

DER FEEN-ATLAS

FEEN, ELFEN & KOBOLDE AUS ALLER WELT

GESCHRIEBEN VON ANNA CLAYBOURNE

ILLUSTRIERT VON MIREN ASIAIN LORA

ÜBERSETZT VON FREDERIK KUGLER

INHALT

DIE WELT DER FEEN

Überall auf der Welt werden Märchen über Feen, Elfen, Kobolde und Wichtel erzählt. Laut diesen Geschichten leben diese geheimnisvollen Wesen seit Urzeiten unter uns. Manche meinen sogar, es habe sie schon lange vor uns gegeben.

Einige Feen wachen über die Natur und beschützen Bäume, Felsen, Flüsse und Tiere. Andere leben in Ameisenhügeln, Höhlen, Bergwerken oder im Meer. Man sagt, einige würden sogar in unseren Häusern leben und uns bei der Hausarbeit helfen oder allerlei Unheil anrichten!

Eine Fee zu sehen, ist gar nicht so einfach. Manche verstecken sich in Blumen, unter Giftpilzen oder verschwinden auf magische Weise in Felsen. Andere können ihre Gestalt verändern und sich in Pferde, Vögel oder weiße Katzen verwandeln. Und wieder andere leben unsichtbar neben uns, in einer Art Parallelwelt. Manchmal kann man aber doch einen Blick auf sie erhaschen – in einer mondhellen Nacht, oder wenn man selbst besondere Fähigkeiten besitzt.

WAS SIND FEEN?

Die meisten Menschen glauben, dass Feen kleine geflügelte Wesen sind, die leuchten und durch die Luft flitzen. Auf einige trifft diese Beschreibung auch zu – auf viele jedoch nicht. Sie können zwar klein sein – manchmal sogar kleiner als Ameisen –, aber es gibt auch Feenwesen, die so groß werden wie ein Mensch. Manche können fliegen, während andere, wie Kobolde oder Wichtel, zu Fuß unterwegs sind. Sie können sogar schlecht gelaunt sein und furchteinflößend aussehen.

AUFGEPASST!

Obwohl Feen hilfsbereit sein können, denke daran, dass sie magische Fähigkeiten besitzen. Wenn du sie gut behandelst, bringen sie dir Glück, teilen ihr Wissen oder helfen im Haushalt. Freundliche Feen retten verirrte Kinder, erfüllen Wünsche oder sorgen dafür, dass im Garten alles wächst. Doch wer Feen verärgert oder sich mit einer gefährlichen Fee anlegt, muss damit rechnen, dass seltsame Dinge geschehen: Gegenstände können verschwinden, seltsame Geräusche in der Nacht ertönen oder Menschen sich hoffnungslos im Wald verirren. Behandle die Natur daher immer mit Respekt und sei achtsam – es könnte eine Fee in der Nähe sein …

EUROPA

Unsere Reise beginnt in Europa, der Heimat zahlreicher Märchen, Legenden und verwunschener Orte.

In Europa leben viele Feen mit den Menschen zusammen. In den nördlichen Ländern dieses Kontinents kommt kaum ein Haushalt ohne Heinzelmännchen, Nisse oder Tomte aus. Diese feenhaften kleinen Helferchen erledigen die Hausarbeit und bewachen das Haus, wenn man sie mit Respekt behandelt. Wenn nicht, können sie uns üble Streiche spielen!

Häuser sind aber nicht die einzigen Orte, an denen man auf Feen und Naturgeister trifft. Sie huschen durch Wälder, bewachen Bäume und wilde Tiere und streuen Gold in Flüsse. Sie wohnen in Feenschlössern hoch in den Bergen, in Felsen und Höhlen und sogar unter der Erde. Sie streifen durch Moore, tanzen im Mondlicht und bewohnen die großartigen Monumente und Steinkreise, die die Menschen dieser Länder vor langer Zeit errichtet haben.

SCHWEDEN
FINNLAND
HALTIJAS beschützen die Natur und leben in der Nähe von Bäumen, Felsen und Flüssen.
RUSSLAND
NORWEGEN
NISSE und TOMTE helfen gern im Haus.
DÄNEMARK
POLEN
Erhasche einen Blick auf die schönen TÜNDÉR.
DEUTSCHLAND
Wilde, grüne MOOSLEUTE leben zwischen Baumwurzeln.
er schelmische
UTIN hat tausend
icks auf Lager.
UNGARN
SERBIEN
ANKREICH
Die WILAS tanzen nachts auf Waldlichtungen.
BULGARIEN
ITALIEN
Lautes Hämmern im Haus bedeutet, dass hier ein MAZZAMURELLO lebt.

PUCK

ENGLAND

England ist voller verwunschener Orte, die Namen wie Fairyhill, Fairy Dell und Fairy Holes Cave tragen. Feen und Elfen haben in diesem Land schon immer eine besondere Rolle gespielt. Am berühmtesten ist der Puck, auch Robin Goodfellow genannt. Er ist ein Naturgeist, der in den Wäldern lebt, manchmal aber die Häuser der Menschen aufsucht. Dann kann es passieren, dass dieser freche Elf nachts Kerzen ausbläst, Decken von den Betten zieht oder Albträume in die Köpfe der Schlafenden pflanzt. Stellt man ihm jedoch einen Schluck Milch und ein Stück Brot hin, fegt er einem vielleicht das Haus oder erledigt mit feinsten Feenstichen eine Näharbeit.

BROWNIE

SCHOTTLAND

In Schottland, heißt es, besaß früher jedes Haus und jeder Hof seinen eigenen Hauself. Brownies (oder Broonies) sind klein, leise und in braune Lumpen gekleidet. Sie erledigen alle möglichen Arbeiten – wie das Pflügen eines Feldes über Nacht oder den Hausputz – und verlangen dafür nicht mehr als eine Schüssel Sahne oder Haferbrei. Brownies sind sehr stolz und wären überaus beleidigt, wenn man ihnen mehr anböte. Würde man es wagen, einem Brownie neue Kleidung hinzulegen, als Ersatz für seine Lumpen, wäre er sogar so beleidigt, dass er das Haus auf Nimmerwiedersehen verlassen würde.

DIE AOS SÍ

IRLAND

Die Aos Sí leben zwar an der Seite der Menschen, aber man bekommt sie selten zu Gesicht. Sie beschützen ihre alten Grabhügel sowie die umliegenden Bäume, Täler und Seen. Du kannst einen Blick auf sie erhaschen, wenn sie unsere Welt in der Morgen- und Abenddämmerung besuchen. Ein leiser Wirbelwind oder ein Geräusch wie das Summen von Bienen verrät ihre Anwesenheit. Im Vergleich zu vielen anderen Feen sind die Aos Sí menschengroß und schimmern silbrig. Um ihnen Respekt zu zollen, werden sie oft „die guten Nachbarn" oder „das leuchtende Volk" genannt. Wenn du dich mit diesen Feen anfreundest, können sie deine Krankheiten heilen oder dir magische Fertigkeiten beim Schmieden, Weben oder Tanzen beibringen.

PIXIES

EIN MYSTERIÖSES VERSCHWINDEN

CORNWALL

Pixies, auch Piskies genannt, sind kleine Feen aus Cornwall und Südwestengland. Sie sind frech, schelmisch und lieben es zu spielen und zu tanzen. Obwohl sie meist harmlos sind, reiten sie nachts gern auf den Pferden der Menschen und verheddern deren Mähnen. Es gibt auch viele Erzählungen von Pixies, die Menschen in Mooren und Wäldern in die Irre geführt haben.

Eine dieser Geschichten handelt von einem Jungen aus dem Dorf St Allen, der gegangen war, um Blumen zu pflücken. Seine Mutter sah ihn noch vom Fenster aus, und im nächsten Moment war er verschwunden. Sie machte sich auf die Suche nach ihm, konnte ihn jedoch nirgendwo finden. Zwei Tage und zwei Nächte suchten die Dorfbewohner*innen überall nach dem Jungen. Dann, am dritten Tag, fanden sie ihn schlafend auf einem Bett aus Farn, genau an der Stelle, von der er verschwunden war.

Als der Junge aufwachte, konnte er sich an nichts erinnern und erzählte, er habe ein schönes Lied gehört, dem er gefolgt sei. Als er an den Rand eines Sees kam, sah er, dass es Nacht geworden war, und der Himmel voller Sterne stand. Doch die Sterne waren Pixies, und sie führten ihn in einen unterirdischen Palast, dessen Decken mit Juwelen geschmückt waren. Die Pixies gaben ihm Kuchen und Honig zu essen und sangen ihm vor, bis er einschlief. Im nächsten Moment sei er mitten im Farn wieder aufgewacht und von den Dorfbewohner*innen umringt gewesen.

Es heißt, der Junge lebte gesegnet von dieser Begegnung ein langes, glückliches Leben. Doch so sehr er versuchte, sich zu erinnern, die schöne Melodie des magischen Liedes der Pixies wollte ihm nie wieder einfallen.

NISSE

NORWEGEN, DÄNEMARK UND SCHWEDEN

Ein Nisse (in Schweden:Tomte) ist eine Art Kobold, der wie ein winziger alter Mann aussieht. Trotz ihrer geringen Größe sind Nisse sehr stark und verfügen über große handwerkliche und magische Fähigkeiten. Man bekommt sie aber nur selten zu Gesicht, da sie sich unsichtbar machen können. Nisse leben meist auf Bauernhöfen, wo sie sich nützlich machen, und brauchen nur einmal im Jahr eine Schüssel Brei. Einen Hof mit einem Nisse erkennt man an den schön gestriegelten Pferden, seinen Lieblingstieren. Achte darauf, einen Nisse nie zu verärgern, indem du Tiere schlecht behandelst – sonst verpasst er dir von hinten einen Schlag auf den Kopf oder beißt dich!

HALTIJAS UND DER FEENBAUM

FINNLAND

Die Haltijas sind die elfenähnlichen Schutzgeister Finnlands. Es gibt viele verschiedene Arten von Haltijas, die Wälder, Seen, Flüsse, Dörfer und Höfe beschützen. Jeder Mensch hat seinen eigenen Haltija, der ihn beschützt und sich um ihn kümmert, und sogar Bäume haben ihre eigenen, speziellen Haltija. Familien hatten früher sogar einen Haltijapuu (Feenbaum) im Garten, um dem dort lebenden Haltija bei besonderen Anlässen Speisen und Geschenke zu bringen, als Dank dafür, dass er ihr Heim beschützt.

HULDUFÓLK

ISLAND

Das Huldufólk lebt in Felsen und Hügeln. Sie werden auch das „verborgene Volk" genannt, da sie nur gesehen werden können, wenn sie es möchten – oder wenn Menschen besondere Fähigkeiten haben. Diese Naturgeister sehen den Menschen ähnlich, leben aber länger. Manche Menschen stellen kleine Unterschlupfe für das Huldufólk in ihren Gärten auf oder Kerzen in die Fenster, um ihnen in der Silvesternacht den Weg zu leuchten. Laut isländischem Aberglauben soll man keine Steine werfen, da man aus Versehen ein Wesen des Huldufólk treffen könnte.

MOOSLEUTE
DEUTSCHLAND

Die Moosleute leben überall in Deutschland in den Wäldern. Die kleinen, schüchternen Waldgeister beschützen die Bäume und weben das weiche Moos, das die Baumwurzeln und Steine bedeckt. Sie tragen Kleidung aus Moos und sehen mit ihren knorrigen Händen und langen, flechtengrauen Haaren selbst wie winzige Bäume aus. Gehen in diesem Teil der Welt Haushaltsgegenstände verloren, heißt es, eine Moosfrau hätte sie genommen. Im Gegenzug lehrt sie Menschen, wie sie Krankheiten mithilfe von Waldpflanzen heilen können.

MAZZAMURELLO
ITALIEN

Wenn du in einem Haus in Italien ein merkwürdiges Klopfen oder Hämmern an den Wänden hören solltest, könnte das ein Mazzamurello sein. Diese Kreatur wird oft als Naturgeist oder Kobold beschrieben, der in den Bergen lebt oder sich in Bäumen versteckt. Manchmal zieht er aber auch in das Haus eines Menschen ein. Man sagt, er klopfe an Wände, um die Bewohner*innen zu informieren, dass sich auf dem Grundstück ein versteckter Schatz befindet – oder jemand im Haus in großer Gefahr ist.

LUTIN
FRANKREICH

Dieser Unruhestifter aus dem Norden Frankreichs kann sich in Tiere verwandeln. Wenn du eine komplett weiße Katze siehst, könnte es sich um einen Lutin (oder eine Lutine) handeln. Dieser kleine Kobold kann sich auch in ein Pferd mit Sattel verwandeln, bereit zum Ausritt. Wenn jedoch jemand aufsitzt, galoppiert er schnell wie der Wind und trägt die Person weit fort. Lutins spielen aber auch andere Streiche: Sie machen Löcher in Fischernetze, verknoten Menschen im Schlaf die Haare oder füllen Steine in deren Schuhe. Wenn du lieber auf einen Lutin verzichten willst, streue einfach Salz über deine Türschwelle, denn sie hassen Salz und werden nicht darüber hinwegsteigen.

GALTZAGORRI

ZU VIEL HILFE IST SCHLIMMER ALS GAR KEINE!

BASKENLAND SPANIEN

Das Baskenland in Nordspanien ist die Heimat kleiner Elfen namens Galtzagorri (was so viel wie „rote Hosen" bedeutet). Diese schlauen Wesen übernehmen jede Aufgabe. Das ist jedoch nicht immer so hilfreich, wie es auf den ersten Blick scheint.

Einer Legende zufolge lebte einst ein alter Mann, der nichts zustande brachte. Wenn er Gemüse anpflanzte, ging es ein. Wenn er einen Zaun reparierte, ging er wieder kaputt. Der Mann hatte die Nase voll davon und bat eine weise alte Frau um Rat. Sie sagte, er solle ein paar Galtzagorri kaufen, die sein Leben verändern würden.

Also kaufte der Mann eine Schachtel mit vier Galtzagorri. Er öffnete sie, und die kleinen Elfen sprangen heraus und schrien: „Was sollen wir tun?" Der Mann war entzückt. Er trug ihnen auf, das Feld zu pflügen. Wenige Minuten später waren sie fertig. Er bat sie, seine Kuh zu melken und zu füttern. Zack, fertig! Die Galtzagorri erledigten jede Aufgabe, die er ihnen gab: Sie sammelten Feuerholz, kochten, reparierten das Dach, beschnitten den Apfelbaum, stellten Käse her, und jedes Mal, wenn sie fertig waren, sausten sie um den Kopf des alten Mannes herum und fragten: „Und was sollen wir jetzt tun?"

Es gab jedoch nichts mehr zu tun, also machten die Galtzagorri alles, was sie bereits erledigt hatten, rückgängig. In seiner Verzweiflung gab ihnen der Alte ein Sieb. „Holt mir damit Wasser!", sagte er.

Aber als die Galtzagorri immer wieder versuchten, das Sieb zu füllen, wurden sie wütend. „Du hast uns eine unlösbare Aufgabe gegeben!", riefen sie. „Wir gehen! Du wirst uns nie wiedersehen!" Und verschwanden.

Der Mann atmete erleichtert auf. Von diesem Tag an erledigte er seine Aufgaben wieder alle selbst, aber diesmal ordentlich. Sein Leben hatte sich verändert, genau wie die weise alte Frau gesagt hatte.

TÜNDÉR

UNGARN

Die Tündér sind mächtige weibliche Feen aus Ungarn. Sie beschützen Waisenkinder und helfen den Armen, indem sie ihnen Perlen schenken. Wenn sie ihr langes, goldenes Haar bürsten, streuen sie Gold in die Flüsse und Bäche. Sie sind weiß gekleidet und können fliegen, wenn sie die Gestalt eines Schwans annehmen. Es heißt, dass die Tündér einst an der Seite der Menschen lebten, sie jedoch vor langer Zeit verließen, da sie die moderne Welt nicht mochten. Sie zogen sich in ihre Paläste auf den Berggipfeln zurück, die wunderschöne Gärten mit je einem goldenen, sich drehenden Sommerhaus haben. Bei Mondlicht kommen die Tündér zum Tanzen heraus, und manchmal sollen sie die Gärten der Menschen besuchen, um sich um ihre Lieblingsblumen zu kümmern.

WILA

BULGARIEN, SLOWENIEN UND ANDERE OSTEUROPÄISCHE LÄNDER

Inmitten der Wälder, Seen und wilden Orte Osteuropas hört man Geschichten über die Wilas: bezaubernde, nymphenhafte Naturgeister, die so schön wie gefährlich sind. Wilen zeigen sich erst nachts und tanzen im Kreis, während sich ihre langen, weißen Gewänder und Kleider im Wind bauschen. Sie bieten einen herrlichen Anblick, aber sei gewarnt: Wilen mögen es nicht, beobachtet zu werden. Wenn ein junger Mann eine Wila tanzen sieht, kann sie ihn verfluchen und dafür sorgen, dass er sich für immer in sie verliebt, oder, noch schlimmer, ihn mit einem Zauber belegen, der ihn dazu zwingt, die ganze Nacht zu tanzen, bis er tot umfällt.

LERNE DIE FEENVÖLKER KENNEN

Stellst du dir Feen als winzige, magische Wesen mit schimmernden Flügeln und einem Blätterkleid vor, die inmitten von Waldblumen leben? Diese Art von Feen findet man in vielen Geschichten, aber sie können auch ganz anders aussehen. Sie können alt oder jung sein, weiblich oder männlich, klein oder menschengroß, schön oder weniger schön. Manche flattern mit hauchdünnen Flügeln, während sich andere in Tiere verwandeln oder sich wie Menschen auf Beinen fortbewegen.

EINE ODER VIELE?

Laut Feen-Expert*innen können Feen einzeln oder in Gruppen leben. In Gruppen feiern sie Feste und Prozessionen, wohingegen andere allein bleiben.

Die Tylwyth Teg aus Wales leben in Gruppen. Sie musizieren gemeinsam, tanzen im Kreis und werden von einem Elfenkönig namens Gwyn ap Nudd angeführt.

Die Domovoy-Hauselfen aus der Ukraine sind Einzelgänger. Wenn du einen Domovoy in deinem Haus hast, wird er das einzige Exemplar sein, das du je zu Gesicht bekommst.

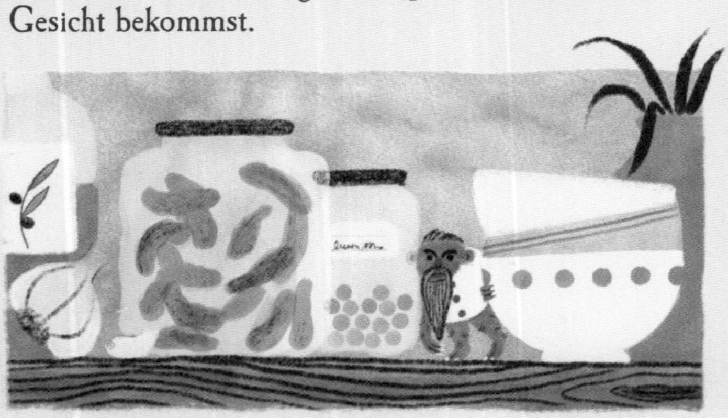

GUT ODER BÖSE?

Wie Menschen, können Feen beides sein. Die meisten Feen, Elfen und Kobolde möchten mit Respekt behandelt werden. Wenn du sie ärgerst oder dem Wald, See oder einem anderen Ort, den sie beschützen, Schaden zufügst, können sie dich mit einem unangenehmen Zauber belegen.

Manche sind aber einfach nur gut, wie die Zân aus Rumänien, die so etwas wie Waldfeen sind. Sie führen Menschen wieder aus dem Wald heraus, wenn sie sich verlaufen haben, und segnen Neugeborene.

Andere wiederum sind einfach nur gruselig, wie die Hantu Kayu aus Malaysia. Diese Baumgeister sollen jenen Krankheit und Unglück bringen, die ihre Wälder betreten.

KLEINE FEENKUNDE

Es gibt zahllose Feenwesen, aber sie lassen sich in mehrere Hauptgruppen oder Typen einteilen.

FEE
Feen sind schöne, magische, meist kleine Wesen, die in der Regel fliegen können.

ELF
Elfen sind menschenähnlicher als Feen (und haben oft spitze Ohren).

TEUFELCHEN
Diese kleinen Wesen sind oft frech und manchmal gefährlich.

WICHTEL
Wichtel leben versteckt in Häusern und erledigen im Gegenzug für Essen Hausarbeiten.

IRRLICHT
Diese schelmischen Wesen leben in Sümpfen, Mooren und Wäldern.

GNOM
Gnome sehen aus wie winzige Menschen und leben in Wäldern, Gärten und Bergen.

KOBOLD
Diese kleinen, magischen Wesen stehlen gern, bringen Unglück und können Menschen schaden.

GEISTWESEN
Die ätherischsten aller Feenvölker haben keine feste Form und sind oft unsichtbar.

AFRIKA

Afrika besteht aus Dutzenden Ländern und beherbergt Tausende verschiedene Völker und Kulturen, die jeweils ihre eigenen Sprachen und Traditionen haben. Ihre Volksmärchen handeln von fliegenden Waldfeen, furchterregenden Baumgnomen, unsichtbaren Schutzgeistern, zehengrabschenden Tikoloshe und ameisengroßen Feen.

Dieser große Kontinent verfügt über riesige Wildnisgebiete und natürliche Lebensräume, in denen alle Feen und Naturgeister ihre Heimat finden – von schneebedeckten Bergen und mächtigen Flüssen bis zu Regenwäldern und endlos weiten Graslandschaften. Solltest du jemals zwischen den Felsen und Flüssen oder in den Bergen, Sümpfen und Savannen umherstreifen, dann denke daran, dass Feen und andere Wesen in der Nähe sein könnten, und lass die gebotene Vorsicht walten.

ELOKO

REGENWÄLDER IM KONGOBECKEN

Hüte dich in den Dschungeln des zentralafrikanischen Kongobeckens vor dem Eloko, einer furchterregenden Kreatur, die nach Menschen sucht, um sie zu fressen. Diese gefährlichen Wesen, so heißt es, sind die Geister rachsüchtiger Vorfahr*innen und leben in Baumstämmen. Anstelle von Haaren wächst überall an ihrem Körper Gras, und in ihren Augen glüht ein feuriges Licht. Wenn ihre sensiblen Nasen einen Menschen erschnüffeln, läuten sie eine kleine Glocke. Jeder Mensch, der ihren Klang hört, wird von einem tödlichen Zauber befallen, der ihn dazu bringt, sich dem Eloko zum Verzehr anzubieten.

AZIZA

BENIN

Im westafrikanischen Benin erzählt man sich Legenden über kleine Waldfeen mit wunderschönen Schmetterlingsflügeln, die Aziza genannt werden. Sie leben in Kapokbäumen und Ameisenhügeln und sind freundlich, hilfsbereit und fürsorglich. Es heißt, sie seien die Seele der Bäume in Feengestalt. Vor langer Zeit erschienen die Aziza den ersten Menschen und zeigten ihnen, wie man Pflanzen als Medizin verwendet und Feuer macht. Manche sagen, dass die Menschen, als sie begriffen, wie hilfsbereit die Aziza waren, nach ihnen suchten, um mehr Wissen zu erbitten. Doch daraufhin zogen sich die scheuen Aziza tiefer in den Dschungel zurück, weshalb sie heute so schwer zu finden sind.

KONDERONG

WESTAFRIKA

In der Wolof-Kultur in Westafrika werden Konderong als kleine Gnome mit Füßen beschrieben, die nach hinten zeigen. Sie haben lange weiße Bärte, die sie wie Kleidung um den Körper wickeln. Sie sind für die meisten Menschen unsichtbar, es sei denn, man hat besondere Fähigkeiten. Konderong sind boshaft und gemein. Wenn jemand eine schwere Last auf dem Kopf trägt, kann ein Konderong dafür sorgen, dass man sie nicht mehr absetzen kann. Es heißt auch, sie ließen Menschen erblinden, damit sie sich verirren, und entführten kleine Kinder. Es gibt aber auch Positives zu berichten: Wenn du es schaffst, die Kalebasse (das Wassergefäß) eines Konderongs zu stehlen, wird ihre Magie all deine Wünsche erfüllen.

ASAMANUKPAI

GHANA

Die Asamanukpai sind Feen aus Ghana, die wie die Konderong rückwärtsgerichtete Füße haben. Trotzdem tanzen sie gern, vor allem auf großen Steinen. Diese Steine glänzen und sehen wie poliert aus. Manchmal weisen sie kleine Kuhlen auf, weil die Asamanukpai so lange auf ihnen getanzt haben. Wenn dir solche Steine begegnen, ist es ratsam, Obst oder eine Schale mit Wasser als Geschenk zu hinterlassen. Die Asamanukpai verwenden das Wasser zum Baden. Im Gegenzug träufeln sie dir vielleicht magischen Pflanzensaft in die Augen, der es dir ermöglicht, die Gedanken anderer Menschen zu lesen und in die Zukunft zu schauen.

TIKOLOSHE

SÜDAFRIKA

Achte darauf, dass kein Tikoloshe in der Nähe ist, wenn du zu Bett gehst. In der südafrikanischen Zulu-Folklore können Menschen diese gruselige Kreatur beschwören, um ihre Feind*innen zu erschrecken. Der Tikoloshe schleicht sich nachts in die Schlafzimmer und stört den Schlaf der Menschen, indem er sie pikst, in ihre Träume eindringt oder sogar in ihre Zehen beißt! Zum Glück ist ein Tikoloshe ziemlich klein – du kannst dich also schützen, indem du dein Bett mit Ziegelsteinen erhöhst.

ABATWA

SÜDAFRIKA

In den Volksmärchen der Zulu tauchen immer wieder extrem kleine Jäger*innen auf. Feen sind zwar oft sehr klein, aber diese Wesen sind so winzig, dass sie sich mühelos unter Grashalmen verstecken, auf dem Rücken von Ameisen reiten und sich in Ameisenhügeln verstecken können. Die meisten Menschen können sie nicht sehen – nur kleine Kinder unter vier Jahren, schwangere Frauen und Menschen mit magischen Kräften. Wenn eine schwangere Frau einen männlichen Abatwa sieht, wird sie einen Jungen bekommen und ein Mädchen, wenn sie eine weibliche Abatwa sieht.

Diese winzigen Wesen sind schüchtern und meist harmlos. Sie hassen es aber, daran erinnert zu werden, wie klein sie sind! Wenn du ihnen also begegnest, ist es eine gute Idee, „Ich sehe dich!“ zu rufen und zu betonen, wie groß und auffällig sie sind. Wenn du sie allerdings beleidigst oder, schlimmer, auf sie trittst, werden sie dir mit einem Pfeil in den Fuß schießen. Ihr Pfeil ist zwar winzig, aber die Spitze ist giftgetränkt und kann tödlich sein.

KLEINE FEENKUNDE

Es mag Tausende verschiedene Feenvölker auf der Welt geben, aber oft haben sie ähnliche Fähigkeiten und Gewohnheiten. Es macht daher Sinn, sich etwas näher mit ihren Traditionen und Bräuchen zu beschäftigen, um sie besser zu verstehen und nicht zu verärgern, wohin auch immer dich deine Abenteuer führen mögen.

FEENFLÜGEL

Nur Feen haben Flügel. Ihre Verwandten, zu denen auch Elfen, Kobolde, Gnome und andere Naturgeister gehören, trifft man dagegen meist am Boden an. Eine Fee ist ein Geschöpf der Lüfte, das fast nichts wiegt und überallhin flitzen kann. Es gibt aber auch Feen, die ohne Flügel fliegen können.

FEENGOLD

In manchen Geschichten stehlen Menschen Gold von Feen oder erhalten Feengold als Bezahlung für eine gute Tat. In irischen Sagen bewahrt der Leprechaun einen Topf voll Gold am Ende des Regenbogens auf. Wenn du einen Leprechaun fängst, kann es sein, dass er dir im Gegenzug für seine Freiheit seinen Goldschatz gibt. Allerdings ist Feengold trügerisch, da es sich das nächste Mal, wenn du einen Blick darauf wirfst, vielleicht in Blätter, Steine, Küchlein oder sogar Giftpilze verwandelt hat.

WECHSELBÄLGER

Überall auf der Welt gibt es Geschichten von Feen, die Menschenkinder entführen und manchmal sogar durch ein Feenbaby, einen Wechselbalg, ersetzen. Denn trotz ihrer magischen Fähigkeiten sollen Feen manchmal neidisch auf die schönen, pummeligen Babys der Menschen sein, und sich danach sehnen, selbst eins zu haben. Zum Glück lässt sich der Zauber rückgängig machen: Wenn du es schaffst, ein Wechselbalg zum Lachen zu bringen, verschwindet es und das Menschenkind wird zurückgegeben.

FEENKRÄFTE

Feen und ihre Verwandten setzen ihre magischen Kräfte auf viele Arten ein. Die häufigsten sind:

ZAUBERKRAFT

Feen können Dinge unsichtbar machen, das Wetter ändern, dafür sorgen, dass sich Menschen ineinander verlieben, aber auch Krankheiten verursachen und Unheil anrichten.

SCHNELLIGKEIT

Feen sind superschnell. Sie können in Nullkommanichts ein Feld pflügen, das Haus aufräumen oder mit Lichtgeschwindigkeit um die Erde flitzen.

WEISHEIT

Manche Feen wissen, wie man Medizin herstellt, wieder aus einem Wald herausfindet oder mit Tieren spricht. Wenn du Glück hast, bringen sie es dir sogar bei.

UNSICHTBARKEIT

Es gibt einen Grund, warum du Feen nicht überall sehen kannst: sie können sich unsichtbar machen! Tatsächlich zeigen sich die meisten Feen den Menschen nur sehr selten.

LEUCHTKRAFT

Feen leuchten oft, vor allem nachts. Es könnte sein, dass du sie dann mit Glühwürmchen oder Sternen verwechselst.

VERWANDLUNG

Viele Feen können sich verwandeln, meistens in Tiere. Ein vollkommen weißes Tier könnte immer eine Fee sein.

FEENFREUNDSCHAFT

Viele Feen sind harmlos, solange du sie freundlich behandelst. Verhalte dich dort respektvoll, wo Feen leben könnten, wie in Wäldern und anderen wilden Gegenden sowie in der Nähe von Steinkreisen und alten Monumenten. Du könntest ihnen kleine Häuser bauen und sie in deinem Garten aufstellen, damit die Feen darin Schutz finden, oder du stellst ihnen ihre Lieblingsspeisen wie Sahne, Butter, Milch und Brei hin. Mit etwas Glück legen sie dir dann vielleicht sogar kleine Geschenke vor die Tür.

ASIEN

Willkommen auf dem riesigen, weitläufigen asiatischen Kontinent, der Heimat der höchsten Berge der Welt, entlegener Wüsten, mächtiger Flüsse, geheimnisvoller Seen und Tausender Inseln. Von der Arabischen Halbinsel im Westen über Iran, Indien und China bis nach Indonesien und Südostasien, umfasst dieser Teil der Welt viele alte Länder und Kulturen. Hier begegnen dir überall verzauberte Wesen, von winzig kleinen, schimmernden Feen bis zu ätherischen, menschenähnlichen Wesen, Elfen, Gnomen und bösen Kobolden, die sich überall verstecken können.

Respekt ist alles. Viele der Feen Asiens helfen den Menschen gern, indem sie deren Heim bewachen, weise Ratschläge erteilen oder ihren magischen Segen anbieten. Im Gegenzug möchten sie sanft und freundlich behandelt werden. Sonst könnte es sein, dass deine kleinen Helferchen schnell verschwinden oder, was schlimmer wäre, wütend werden und sich rächen.

CHINA
KOREA
JAPAN
KAMBODSCHA
MALAYSIA
PHILIPPINEN
INDONESIEN
Die Feenprinzessinnentochter des Jadekaisers besucht ihren Liebsten, einen menschlichen Kuhhirten.
Hüte dich vor dem MOKSIN TONGBOP, der Krankheiten verbreitet und sich in Häuser schleicht.
Die KORPOKKUR leben unter den Blättern der Pestwurzen.
Tritt nicht auf NUNO SA PUNSO, den „Großvater im Erdhügel“.
Nimm dich vor dem schönen, leuchtenden TAMAWO in Acht, der eine menschliche Braut sucht.
Hier leben die stets hilfsbereiten MRENH GONGVEAL.
Der menschengroße, nebelweiße ORANG BUNIAN lebt in tiefen Wäldern und hohen Bergen.
Geflügelte DAYAMDAM beschützen die Bäume und deren Früchte.

KORPOKKUR

DIE GESCHÖPFE, DIE VERSCHWANDEN

HOKKAIDO, NORDJAPAN

Die Korpokkur sind Naturgeister aus Nordjapan, der Heimat der alten Ainu-Kultur. Ihr Name bedeutet so viel wie „die unter den Pestwurzen leben“. Sie sind so klein, dass sie die Blätter der Pestwurzen verwenden, um Dächer für ihre Hütten zu bauen. Sie sind extrem schnell und geschickt und können hervorragend fischen, töpfern und Werkzeuge herstellen.

Vor langer Zeit, heißt es, waren die Menschen und die Korpokkur gut befreundet und betrieben sogar Handel miteinander. Die Korpokkur waren jedoch sehr scheu und hassten es, angesehen zu werden, weshalb sie ihre frischen Fische nachts vor die Hütten der Menschen legten, die im Gegenzug ihre eigenen Schätze vor die Tür legten, damit die kleinen Wesen sie einsammeln konnten. Die Menschen erhaschten immer nur einen flüchtigen Blick auf die Korpokkur, wenn sie davonsprangen.

Eines Tages beschloss ein Mann, sich die mysteriösen Geschöpfe genauer anzusehen. Als die Nacht hereinbrach, wartete er an seinem Fenster, bis er die Korpokkur draußen hörte. Schnell packte er einen am Arm und zog ihn in sein Haus, um ihn im Kerzenlicht zu betrachten. Er sah, dass er eine schöne Korpokkurfrau gefangen hatte, die wütend verlangte, dass er sie losließ. Der Mann ließ sie gehen, aber von diesem Tag an versteckten sich die Korpokkur. Seitdem wurden sie nie wieder gesehen, auch wenn man manchmal noch immer in den Wäldern auf ihre kleinen Hütten und Werkzeuge stoßen kann.

DIE FEENWESEN DER PHILIPPINEN

NUNO SA PUNSO

Sei vorsichtig, wenn du in den Wäldern der Philippinen unterwegs bist, und achte darauf, dass du nicht auf ein Ameisennest oder einen Pilzhügel trittst. Dort könnte ein kleiner, mürrischer Nuno sa Punso, ein „Großvater des Erdhügels“, leben, der es hasst, von Menschen gestört zu werden. Wenn du also versehentlich auf oder gegen ihn treten solltest, wird er dich sicher mit einem Fluch belegen, der dir geschwollene Füße, Schmerzen oder gar einen haarigen Rücken beschert! Gehe daher, um den Nuno bei Laune zu halten, immer vorsichtig um den Hügel herum und rufe so höflich wie du kannst „Tabi-tabi po!“ oder „Entschuldigung!“

DAYAMDAM

Diese winzigen, insektengroßen Waldfeen leben in Bäumen. Sie tragen Kleidung und Hüte aus Blättern und spielen mit den Bienen. Dayamdam schützen den Baum vor Gefahren. Wenn du also eine Blüte oder Frucht von einem Baum pflücken willst, musst du die dort lebenden Dayamdam erst warnen und sie bitten, nicht böse zu sein.

TAMAWO

Einige Feen, wie die Tamawo, sind nicht winzig, sondern mindestens so groß wie Menschen. Man bekommt sie aber nur selten zu sehen, da sie in einer Parallelwelt leben, die für Menschen unsichtbar ist. Gelegentlich erscheint ein Tamawo und versucht, eine irdische Frau in sein Reich zu locken und zu heiraten. Tamawo sind fast immer männlich, haben blasse, leuchtende Haut, Haare und Augen und sind wunderschön. Sie tragen eine goldene Krone und haben goldene Reißzähne und Krallen.

PERIS UND DIVS
IRAN

In der persischen Folklore gelten die Peris (auch Paria) als zarte, geflügelte Wesen, die bunt schimmern. Sie nehmen keine Nahrung zu sich, sondern leben von exquisiten Düften. Peris sind freundlich und hilfsbereit und repräsentieren die Kräfte des Guten. Sie leben in ihrer eigenen Feenwelt, Dschinnistan, und müssen dort gegen die bösen Divs kämpfen – riesige, haarige Oger mit grauenhaften Stoßzähnen und Schlangen als Haaren. Viele Geschichten handeln von Divs, die eine Peri (auch Pari) fangen und in einen Käfig sperren, den sie in eine hohe Baumkrone hängen. Die anderen Peris füttern daraufhin ihre Freundin mit Düften, bis diese stark genug ist, um sich zu befreien.

MRENH GONGVEAL
KOMBODSCHA

In Kambodscha sieht man oft kleine Körbe vor den Häusern hängen. In jedem dieser Körbe befindet sich ein kleines Haus und eine Auswahl an winzigen, neuen Kleidungsstücken. Dies ist eine Opfergabe an die Mrenh Gongveal. Erwachsene können sie nicht sehen, aber es heißt, manche Kinder könnten es. Diese weisen kleinen Elfen können recht schadenfroh sein, aber sie kümmern sich auch um alle möglichen Dinge, wie Tiere, Orte und Menschen. Wenn sie deine Geschenke annehmen und beschließen, dir zu helfen, hörst du sie vielleicht Ratschläge in dein Ohr flüstern oder wirst von ihnen in deinen Träumen besucht.

ANARDES
INDIEN

Ein Gujarati-Volksmärchen aus Westindien handelt vom Prinzen Rupsinh, der sich danach sehnt, die Königin der Anardes zu heiraten, eines magischen Feenvolks, das im Inneren von Granatäpfeln lebt. Mithilfe eines weisen alten Eremiten findet Rupsinh die Heimat der Anardes in einem Granatapfelgarten und beobachtet, wie sich die Früchte öffnen und die winzigen Feen zum Tanz herauskommen. Er befolgt den Rat des Einsiedlers, pflückt den größten Granatapfel, in dem die Feenkönigin lebt, und sie wird seine Frau.

TIAN XIAN PEI

CHINA

Die Geschichte von Tian Xian Pei, dem „Feenpaar", ist überall in China bekannt. Der allmächtige Jadekaiser hatte sieben Elfentöchter, die das magische Königreich ihres Vaters verließen, um die Welt der Menschen zu bereisen. Dabei trafen sie auf einen freundlichen Kuhhirten, Dong Yong, der sein ganzes Geld und mehr für die Beerdigung seines Vaters ausgegeben hatte. Die jüngste Fee verliebte sich in ihn, und ihre Schwestern halfen ihr, Stoffe zu weben, um Dong Yongs Schulden zu begleichen, damit sie heiraten konnten. Der Jadekaiser wollte der Heirat jedoch nicht zustimmen und rief seine Töchter nach Hause zurück. Nur einmal im Jahr, in der siebten Nacht des siebten Monats, darf sie Dong Yong besuchen, indem sie über die Sterne der Milchstraße zu ihm fliegt.

ORANG BUNIAN

INDONESIEN UND MALAYSIA

In der indonesischen und malaiischen Folklore werden die Orang Bunian als elfenähnliche „verborgene Leute" bezeichnet. Sie leben in den Bergen und Wäldern, wo sie essen, schlafen und Familien gründen, genau wie die Menschen. Manche leben aber auch näher bei den Menschen in einer Parallelwelt. Orang Bunian sind meist harmlos und helfen auch manchmal. Aber wenn ein Baby verschwindet oder jemand im Wald verloren geht, könnten die Orang Bunian etwas damit zu tun haben. Wenn du jemals Orang Bunian erblicken solltest, erkennst du sie daran, dass sie traditionell gekleidet sind, dabei aber geisterhaft und neblig erscheinen.

MOKSIN TONGBOP

KOREA

Die Moksin Tongbop sind boshafte Kobolde aus Korea. Man möchte sie nicht im Haus haben, denn wenn sie erst einmal da sind, verursachen sie angeblich mysteriöse Krankheiten. Obwohl sie nicht von selbst in ein Haus eindringen können, versuchen sie, sich in Brennholzbündeln oder anderen hölzernen Gegenständen versteckt einzuschleusen, wenn jemand diese ins Haus trägt.

DAS FEENREICH

Wo leben Feen? Die Antwort ist ganz einfach: so ziemlich überall. Manche Geschichten erzählen von Feenkönigreichen, die in Wäldern, auf fernen Bergen oder auf abgelegenen Inseln versteckt sind. Aber viele Feen leben mitten unter uns, in einem Feenreich, das zwar immer da ist und doch für unsere Augen immer unsichtbar bleibt.

PARALLELWELTEN

Das isländische Huldufólk (siehe S. 12) und die irischen Aos Sí (siehe S. 10) sind Beispiele für Feen, die unter uns leben, aber in einer parallelen, für uns unsichtbaren Welt. Die Einzigen, die diese Welt und ihre magischen Bewohner*innen sehen können, sind Menschen mit besonderen Kräften und jene, die von Feen mit einem Zauber belegt wurden.

An manchen Orten gibt es Feentüren in Form einer Höhle, eines hohlen Baums oder einer magischen Insel, die uns Zutritt zur Feenwelt gewähren, und die es Feen ermöglichen, unsere Welt zu betreten. Die feenähnlichen Mimih-Geister (siehe S. 33) der Aborigines in Australien nutzen zum Beispiel Portale in Felsen.

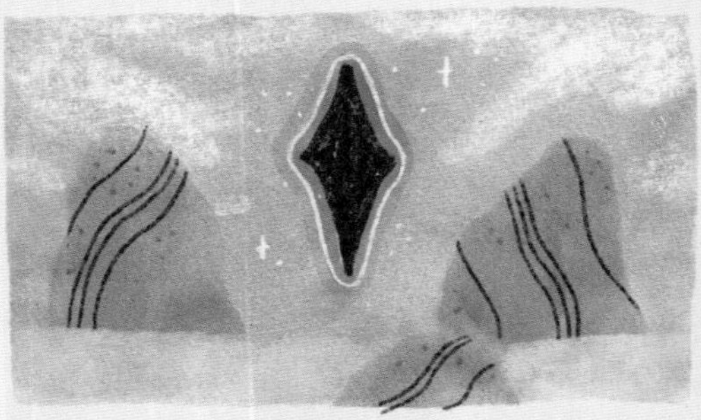

WEIT ENTFERNTE FEENLÄNDER

Manche Feen leben an abgelegenen, weit entfernten Orten, die normalerweise unerreichbar für Menschen sind. Die tiefen, wilden Wälder des Nordens sind zum Beispiel die Heimat der russischen Leshiye-Naturgeister. In der iranischen Mythologie leben die Peris (siehe S. 28) im fernen Land Dschinnistan. Kubera, König der indischen Yaksha-Feen, regiert sein Königreich von den Höhen des Himalayas aus. Und im Land der Maori leben die koboldartigen Ponaturi (siehe S. 33) im Meer und kommen nur nachts an Land.

IN UNSEREM ZUHAUSE

Natürlich leben auch sehr viele Geschöpfe bei uns zu Hause, wie die hilfsbereiten Brownies (siehe S. 10), Nisse (siehe S. 12) und die unangenehmen Moksin Tongbop (siehe S. 29). Wir bekommen sie jedoch nur selten zu Gesicht, weil sie sich gut verstecken, ihre Gestalt verändern oder sich unsichtbar machen können.

FEENENTFÜHRUNGEN

In manchen Geschichten entführen Feen Menschen und nehmen sie mit in ihr Reich. Tam Lin ist ein Feenritter aus einer alten schottischen Legende, der von der Feenkönigin gefangen genommen und in ihr Feenkönigreich Elfhame verschleppt wurde, bis er von Janet, seiner menschlichen Geliebten, gerettet wurde.

ORTSNAMEN

Überall auf der Welt gibt es nach Feen benannte Orte, die uns an die Feen erinnern sollen, die dort leben. In Myanmar gibt es eine Feeninsel, China hat einen Feensee und Italien einen Feenberg. Auf der Isle of Skye in Schottland gibt es die wunderschönen Fairy Pools, und in der Türkei werden die bizarr geformten Felstürme von Kappadokien Feenkamine genannt – nach den magischen Kreaturen, die angeblich darin leben.

SKYE, FAIRY POOLS

KAPPADOKISCHE FEENKAMINE

RÜHR IHR ESSEN NICHT AN!

Legenden warnen davor, dass jede*r, der oder die von Feen entführt wurde oder sich im Feenland verirrt hat, vielleicht nie wieder zurückfindet. Sie geben aber auch Ratschläge, wie man diesem Schicksal entgeht. Eine Möglichkeit, wie du nicht verzaubert wirst, ist, die angebotenen Speisen nicht zu essen, die Feen dir anbieten. Auf diese Weise bleibst du du selbst und kannst gerettet werden.

OZEANIEN

Dieser abgelegene Kontinent umfasst Hunderte von kleinen Inselstaaten, die überall im Pazifischen Ozean verstreut liegen, sowie die viel größeren Länder Australien und Neuseeland. Die meisten Pazifikinseln haben zahlreiche geheimnisvolle Höhlen und Felsspalten, in denen Feen leben.

Wie alle Feenvölker auf der Welt, wachen auch die Feen Ozeaniens über wilde Orte und beschützen sie. Wenn ihnen danach ist, helfen sie auch den Menschen. Es heißt, dass viele von ihnen seit Anbeginn der Zeit hier leben, lange bevor die Menschen kamen, und dass sie ihnen nützliches Wissen vermittelten, zum Beispiel, wie man jagt oder Kunst herstellt. Sie sollen sogar uralte Bauwerke errichtet haben, die noch heute stehen.

PONATURI

NEUSEELAND

Neuseeland ist die Heimat der Ponaturi aus der maorischen Folklore. Diese bösen Meereskreaturen haben rote Haare und scharfe, furchteinflößende Krallen. Tagsüber leben sie in den Tiefen des Meeres und kommen nur nachts an Land, um zu schlafen. Sie müssen jedoch vor Sonnenaufgang ins Meer zurückkehren, da das Sonnenlicht für sie tödlich ist. Die Ponaturi sprechen ihre Zaubersprüche laut und schlagen dabei einen Rhythmus mit gestohlenen Menschenknochen.

MIMIH

AUSTRALIEN

In Arnhemland im Norden Australiens gibt es viele prähistorische Malereien der Mimih. Diese Naturgeister aus den Sagen der Aborigines verstecken sich angeblich zusammen mit Vögeln, Wallabys und Waranen in Felsspalten. Ihre streichholzdünnen Körper können bei starkem Wind zerbrechen, weshalb sie nur bei Windstille herauskommen. Es heißt, die Mimih brachten vor langer Zeit den ersten Menschen, die in diese Gegend kamen, bei, wie man jagt, Feuer macht und Höhlen bemalt Deshalb gibt es heute noch so viele Darstellungen von ihnen, die wir sehen können.

MENEHUNE

DER MAGISCHE FISCHTEICH

HAWAII

Die Menehune sind das „kleine Volk“ von Hawaii. Sie sind geniale Baumeister*innen, die nachts arbeiten und sich tagsüber in abgelegenen Wäldern und Tälern verstecken. Es heißt, dass sie lange vor den Menschen auf Hawaii lebten, und dass sie es waren, die die alten Mauern, Häuser und Tempel erbauten.

Eines dieser alten Bauwerke ist der berühmte Menehune-Fischteich auf der Insel Kauai. Der Legende nach sollen vor über tausend Jahren eine Prinzessin und ihr Bruder die Menehune gebeten haben, einen Fluss zu stauen und einen Fischteich für die königliche Familie anzulegen. Die Menehune waren einverstanden und sagten, dass sie die Arbeit über Nacht erledigen würden. Ihre einzige Bedingung war, dass ihnen niemand bei der Arbeit zusehen sollte.

Als der Abend dämmerte, bildeten die Menehune eine lange Kette und reichten sich große Lavasteine bis zum Fluss. Wie versprochen, errichteten sie mit rasender Geschwindigkeit einen breiten Damm.

Der Prinz und die Prinzessin hielten ihr Versprechen jedoch nicht. Sie konnten nicht widerstehen und beobachteten das kleine Volk von einem Hügel in der Nähe. Nach einer Weile schliefen sie ein, und als der Morgen graute, entdeckten die Menehune sie. Als sie merkten, dass sie beobachtet worden waren, verwandelten sie die königlichen Geschwister sofort in ein Felsenpaar, das noch heute auf dem Hügel zu sehen ist.

DIE FEENWESEN DER PAZIFISCHEN INSELN

KAKAMORA

SALOMONEN

Die Kakamora sind koboldartige Kreaturen mit knielangen Haaren und langen, scharfen Fingernägeln. Sie leben in abgelegenen Kalksteinhöhlen und kommen nur bei Regen heraus. Die Kakamora können gefährlich sein, da sie manchmal versuchen, Kinder oder verirrte Wander*innen zu fangen, um sie zu verspeisen. Zum Glück kann man sie leicht verscheuchen, indem man mit etwas Weißem winkt – die Kakamora haben schreckliche Angst vor allem, das weiß ist, und laufen davon!

TAPAIRU

COOKINSELN

Diese schönen, aber gefährlichen weiblichen Feen leben in einem magischen Teich, der in die Geisterwelt Avaiki führt, der Heimat ihrer Mutter, der Totengöttin Miru. In mondhellen Nächten steigen die Tapairu aus ihrem Teich, um zu tanzen und junge Männer zum Tanzen zu verführen. Danach ziehen sie ihre Opfer durch das magische Gewässer in die Geisterwelt, wo ihre Mutter sie verspeist.

VELI

FIDSCHI

Veli sind winzige, elfengleiche Kreaturen, die in hohlen Bäumen und Felsspalten leben. Sie bleiben gern unter sich, weshalb man ihre wilden Haarschöpfe und glühenden Augen nur selten zu Gesicht bekommt, aber den Einheimischen zufolge kann man sie oft singen oder seufzen hören.

ZEICHEN VON FEEN

Sieh genau hin, wenn du durch die Natur streifst, und du wirst alle möglichen Anzeichen dafür finden, dass Feen vor dir hier waren. Natürlich wird es immer Menschen geben, die sagen, es gäbe andere Erklärungen dafür. Was glaubst du?

FEENRINGE

Ein „Feenring" ist ein natürlicher Ring oder Kreis aus essbaren oder giftigen Pilzen, die man auf einer Wiese oder im Wald findet. Im Laufe der Jahre werden Feenringe immer größer, da sich das Pilzgeflecht unterirdisch ausbreitet.

Laut Volksglauben sind Feenringe Orte, an denen Feen nachts tanzen. Es soll Glück bringen, einen Feenring zu finden oder einen auf seinem Hof oder im Garten zu haben – es sei denn, man zerstört ihn. Falls du Feen in einem Feenring tanzen siehst, mach nicht mit! Die, die es gewagt haben, sollen mit einem Zauber belegt worden sein, der sie die ganze Nacht hat durchtanzen lassen. Und als sie endlich in die Menschenwelt zurückkehrten, mussten sie feststellen, dass viele Jahre vergangen waren.

FEENLICHTER

Wenn du spät nachts in der Nähe eines Moores oder Sumpfes spazieren gehst, kann es sein, dass du ein gespenstisches, flackerndes Licht siehst. Diese „Sumpflichter“ entstehen durch Gase, die aus dem Sumpf freigesetzt werden und zu leuchten beginnen, wenn sie mit Luft in Kontakt kommen. Oder vielleicht doch nicht?

Jahrhundertelang hielten die Menschen diese Sumpflichter für leuchtende Feen oder magische Wesen, die Laternen trugen, und nannten sie Irrlichter. Manche Geschichten besagen, dass die Lichter verraten, wo Feen ihre Schätze verstecken. Aber Achtung! Wer ihnen folgt, ist dazu verdammt, sich im tiefen, gefährlichen Moor zu verirren.

VERLORENER FEENBESITZ

Feen sind dafür bekannt, ihr Hab und Gut überall herumliegen zu lassen. Sieh genau hin, vielleicht findest du etwas davon.

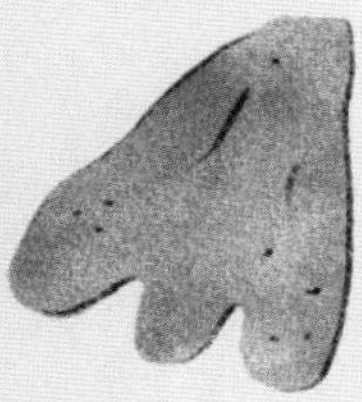

ELFENPFEILE
Stammen diese Pfeilspitzen noch aus der Steinzeit oder sind das „Elfenbolzen“, mit denen Feen auf Menschen schießen, wenn diese sie verärgert haben?

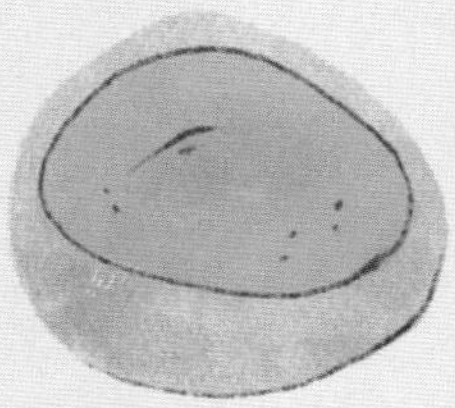

ELFENBECHER
Was wie ein Stein mit einer vom Wasser ausgehöhlten Mulde aussieht, könnte tatsächlich ein Elfenbecher sein.

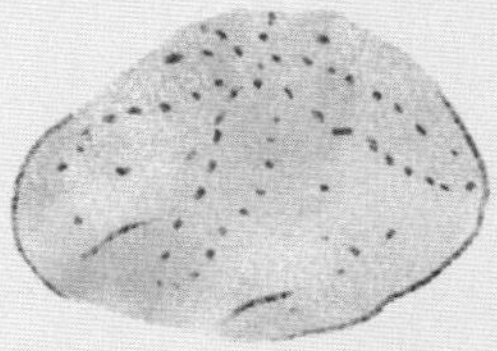

FEENBROTE
Manche sagen, es seien versteinerte Seeigel, andere sprechen von Feenbroten.

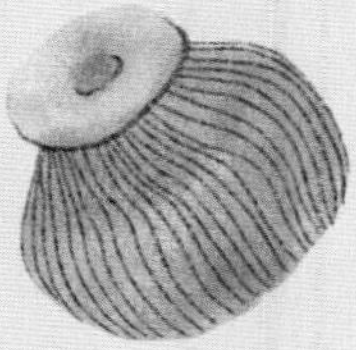

FEENGESCHIRR
Diese winzigen Tongefäße sind die Nester der Töpferwespe, könnten aber auch von Feen als Wasserkrug genutzt worden sein.

FEENPFLANZEN

Diese Pflanzen lassen vermuten, dass Feen einige nützliche Verwendungen für sie haben!

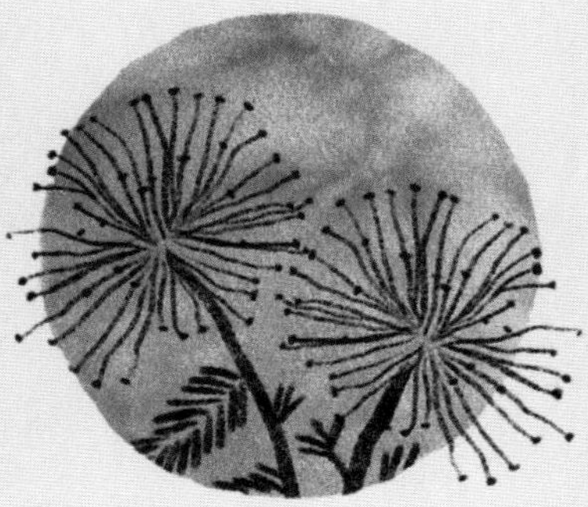

CALLIANDRA
Auch Puderquastenstrauch genannt – perfekt für kleine Feennasen!

ELFENGLÖCKCHEN
Vielleicht lassen Elfen diese Glöckchen zu Hochzeiten erklingen.

FEENSCHUH
Im Englischen heißt diese Pflanze übersetzt Feenschuh, und so sieht sie doch auch wirklich aus, oder?

NORD-AMERIKA

Dieser Kontinent erstreckt sich vom eisigen Polarkreis bis zu den tropischen Inseln der Karibik und beheimatet viele verschiedene Kulturen und auch alte und moderne Feenvölker. Die Native Americans leben schon seit Tausenden von Jahren hier und haben unzählige Legenden über die vielen Arten von „kleinen Leuten", die ihr Land mit ihnen teilen. In den letzten paar hundert Jahren sind viele weitere Bewohner*innen dazugekommen, nur um festzustellen, dass ihnen ihre Feen aus Europa, Afrika und Asien gefolgt sind.

Obwohl sich in Nordamerika viele Großstädte entwickelt haben, gibt es hier ausgedehnte Wildnisgebiete und eine vielfaltige Natur, die geschützt werden muss. Es gibt weite Ebenen, Wälder und Wüsten, sanfte Hügellandschaften und mächtige Gebirgszüge, Sümpfe, Seen und Küsten. Und an all diesen Orten kann man Feen finden – auch wenn sie natürlich oft unsichtbar sind.

ALUX

YUCATAN, MEXIKO

In der Maya-Folklore ist ein Alux eine kleine, haarlose Elfe. Aluxe bewachen wilde Orte wie Wälder und Felsen, können aber auch dazu verleitet werden, auf einem Hof zu leben. Um einen Alux anzulocken, muss ein*e Landwirt*in ein Mini-Haus bauen und Geschenke wie Mais und Honig hinterlassen. Zieht ein Alux ein, bringt er Glück, gutes Wetter und verschreckt Eindringlinge, indem er ihnen Streiche spielt. Nach sieben Jahren Glück muss der/die Landwirt*in die Türen und Fenster des kleinen Häuschens verschließen und Lebewohl sagen. Andernfalls wendet sich der Alux gegen ihn/sie und bringt stattdessen Unglück!

YUNWI TSUNSDI

CHEROKEE NATION, SÜDOSTEN DER USA

Yunwi Tsunsdi bedeutet „kleine Leute" und bezeichnet die Feen des indigenen Cherokee-Stammes. Diese Feen haben lange Haare, die fast bis zum Boden reichen, und lieben Musik. Wer sich in den Wäldern und Bergen dieser Gegend aufhält, kann sie vielleicht sogar trommeln hören. Die Cherokee würden den Klängen jedoch nie folgen, da sie wissen, dass die Yunwi Tsunsdi nicht gestört werden möchten. Trotzdem sind sie freundlich und hilfsbereit. Sollte ein Kind verlorengehen, retten sie es und bringen es nach Hause. Und denke immer daran: Wenn du etwas Wertvolles wie eine Halskette oder ein Messer auf dem Boden findest, musst du immer höflich die Yunwi Tsunsdi um Erlaubnis bitten, bevor du es nimmst, für den Fall, dass es ihnen gehört.

ATLIARUSEK

NORDKANADA UND GRÖNLAND

Einige Inuit-Legenden besagen, dass die Atliarusek an den Felsen entlang der Küste leben, in kleinen Kajaks paddeln und Miniaturbären jagen, die nicht größer als Lemminge sind. Obwohl sie klein sind, sind die Atliarusek stark und klug und helfen manchmal den Menschen bei der Jagd. Allerdings ist es fast unmöglich, sie zu erblicken, da sie vorher meist zwischen Klippen und in Höhlen verschwinden.

DAS GOOD FOLK

NEUFUNDLAND, OSTKANADA

Die Feen Neufundlands, einer großen Insel vor der Ostküste Kanadas, sind als das „Gute Volk“ bekannt. Wer hier Beeren pflückt, sollte vorsichtig sein, da die Beeren oft auf Feenland wachsen. Wenn das Good Folk verärgert ist, schickt es vielleicht einen starken Wind oder ein Gewitter. Oder noch schlimmer, man wird von einem „Feenstoß“ getroffen und trägt seltsame Verletzungen davon. Gerade wenn du glaubst, dass sie zu heilen beginnen, fallen Fäden, Zweige oder Fischknochen aus ihnen heraus! Um das zu verhindern, solltest du Brot in deinen Taschen haben und deinen Hut oder deine Jacke auf Links tragen. Das verwirrt die Feen, und sie lassen dich in Ruhe.

DER KAPOKBAUM

KARIBIK

In Jamaika und anderen Teilen der Karibik gilt der Kapokbaum als magischer und geheimnisvoller Baum, in dem Naturgeister wohnen, die Duppy oder Jumbies genannt werden. Manche sagen sogar, dass diese verzauberten Bäume nachts herumspazieren würden. Daher sollte man Kapokbäume auch niemals fällen oder gar einen in die Nähe des Hauses pflanzen!

JOGAH

EIN IROKESISCHES MÄRCHEN

OSTEN DER USA UND KANADA

Die Volksmärchen der Native Americans umfassen Geschichten über kleine Feen namens Jogah, die in Felsen unter der Erde leben. Sie sind für die meisten unsichtbar, aber es heißt, Kinder könnten sie sehen.

Vor langer Zeit, so die Legende, lebte ein Mädchen bei seiner Tante und seinem Onkel. Sie umarmten es nie und gaben ihm nur Reste zu essen. Eines Tages planten sie ein Fest für all ihre Freund*innen und schlossen es davon aus. Als es im Maisfeld saß und schluchzte, bemerkte es plötzlich überall um sich herum kleine Jogah. Die Feen wischten seine Tränen fort und gaben ihm geflügelte Mokassins. Plötzlich erhob es sich mit den Feen in die Lüfte.

Sie kamen an einen großen Felsen, der sich öffnete, um sie einzulassen. Das Mädchen fand sich in einer Feenwelt wieder, und die Jogah bereiteten ihm köstliche Speisen zu. Als es sich sattgegessen hatte, machten sie sich wieder auf zum Haus des Mädchens, wo die Tante und der Onkel das Fest feierten. „Lasst uns die Wölfe rufen“, sagten die Jogah. Da sprang ein Rudel riesiger Wölfe aus dem Wald und rannte knurrend ins Haus. Die Gäste schrien und rannten davon, und die Wölfe fraßen das Festmahl bis auf den letzten Bissen auf.

Das Mädchen lebte viele Tage mit den Jogah und war so glücklich, dass es für immer bei ihnen bleiben wollte. Doch die Jogah sagten: „Es ist Zeit, nach Hause zu gehen. Deine Verwandten haben ihre Lektion gelernt.“ Das Mädchen fand sich im Haus der Tante und des Onkels wieder, und als sie es sahen, eilten sie herbei, umarmten es und brachten ihm Essen. Von diesem Tage an behandelten sie das Mädchen wie ihre eigene Tochter und überschütteten es mit Liebe.

FEEN-SICHTUNGEN

Feen leben gern im Verborgenen, was einfach ist, wenn man unsichtbar ist oder zu klein, um bemerkt zu werden, oder in einer geheimnisvollen Parallelwelt lebt. Wir haben alle Geschichten von Feen gehört, aber wie viele Menschen haben schon mal eine gesehen? Manche Menschen sind sich sicher. Hier sind einige Geschichten von Feensichtungen aus längst vergangenen Zeiten, und welche, die noch gar nicht so lange her sind.

CHIMNEY ROCK, USA

1891 berichteten Dutzende Menschen, dass sie feenartige Wesen um die Felsformation Chimney Rock herumfliegen sahen. Zuerst wurden sie von einer Gruppe Kindern gesichtet. Als sie einem Erwachsenen davon erzählten, tat dieser die Geschichte als Unfug ab. Doch dann sah auch eine Frau sie, und schon bald zog es immer mehr Dorfbewohner*innen zum Felsen. Es heißt, die Feen seien in weiße Gewänder gekleidet gewesen und hätten Menschen geähnelt, nur dass sie fliegen konnten.

FEENKLÄNGE

William Cain war ein Geiger von der Isle of Man, der behauptete, Anfang des 20. Jahrhunderts Feen begegnet zu sein. Als er in einem Tal spazieren ging, bemerkte er ein seltsames Haus aus Glas, das schimmerte und aus dem eine magische Melodie erklang. Er merkte sich die Melodie und konnte sie zu Hause auf seiner Geige nachspielen.

KLEINE GRÜNE ELFEN

Während die einen in der Luft schwebende Feen sehen, sehen andere elfenähnliche Wesen, die grün gekleidet sind, wie in diesen drei Berichten ...

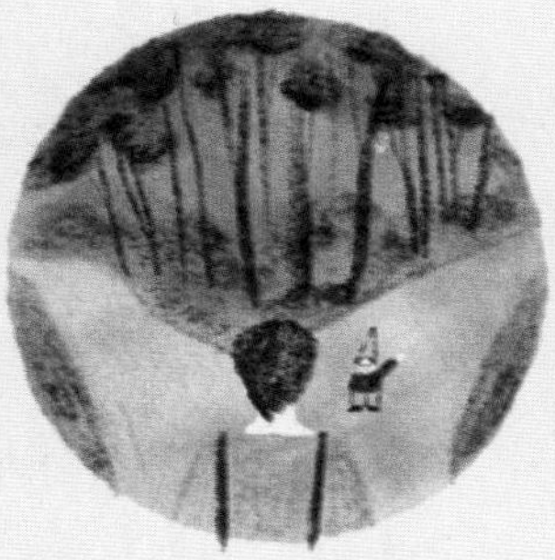

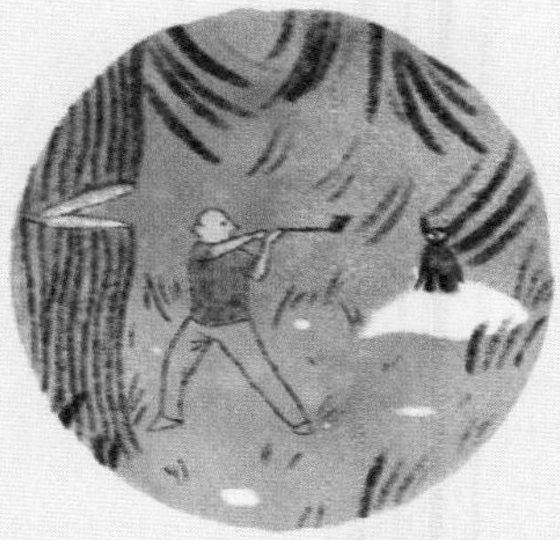

BERKSHIRE, ENGLAND

Eine Bauersfrau behauptete im Jahr 1962, eine Elfe gesehen zu haben. Sie hatte sich in der Grafschaft Berkshire verirrt und war sich nicht sicher, welchen Weg sie nehmen sollte. Als sie an einer Weggabelung zögerte, sah sie einen winzigen, in Grün gekleideten Mann direkt neben sich. „Nimm diesen Weg!", sagte er und verschwand. Es war der richtige Weg!

CORNWALL, ENGLAND

Cornwall ist berühmt für seine Erzählungen über Kobolde. Eine solche Erzählung stammt von einer Frau, die dort mit ihrer Tochter Urlaub machte. Als sie einen Weg entlanggingen, sahen sie einen grün gekleideten kleinen Mann mit spitzen Ohren und Hut. Aus irgendeinem Grund fanden sie ihn furchterregend. Die Tochter schrie, und sie liefen so schnell sie konnten davon.

NEW HAMPSHIRE, USA

1956 schlug Alfred Horne in einem Wald in der Nähe seines Hauses Weihnachtsbäume, als er bemerkte, dass ihn jemand beobachtete. Er blickte auf und sah einen kleinen Mann, der etwa 60 cm groß war und eine grüne Haut und große Schlappohren hatte. Horne versuchte, die Kreatur zu fangen, aber diese kreischte so laut, dass er vor Schreck davonlief.

FOTOGRAFIEN VON FEEN

Ob Feen jemals fotografiert wurden? Wer weiß ...

Zwischen 1917 und 1920 verblüfften zwei Cousinen aus Cottingley, England, die Welt mit fünf Fotografien von Feen, die sie in ihrem Garten aufgenommen hatten. Viele Jahre später gaben sie zu, Bilder von Feen ausgeschnitten und zwischen die Blumen gelegt zu haben. Sie beharrten jedoch darauf, auch echte Feen gesehen zu haben.

Viel später, im Jahr 2014, machte ein Professor namens John Hyatt in Rossendale, England, einige Fotos, auf denen scheinbar winzige, leuchtende, fliegende Feen zu sehen waren, doch könnten das auch Eintagsfliegen gewesen sein, die in der Abendsonne schimmerten.

SÜD-AMERIKA

Südamerika ist berühmt für seine wundersamen wilden Orte. Der riesige, uralte Amazonas-Regenwald erstreckt sich über das gesamte Amazonasbecken. Die hoch aufragenden Anden mit ihren eisbedeckten Gipfeln ziehen sich die gesamte Westküste hinunter, und an der Südspitze des Kontinents streckt sich das kühle Patagonien Richtung Antarktika.

Dieser Kontinent ist die Heimat vieler indigener Völker, wie der Quechua, Aymara und Jívaro, aber auch von zahlreichen anderen Völkern aus aller Welt. Ihre Volksmärchen enthalten Einflüsse aus afrikanischen, asiatischen, spanischen und portugiesischen Überlieferungen. Es gibt zahllose Geschichten über Feen, Elfen und andere Naturgeister, die in Bergen, Höhlen und Bergwerken leben, die Wälder und Gärten bewachen und sogar die Häuser der Menschen, wo sie zwar großen Ärger verursachen, aber auch viel Glück bringen können.

MUKI

ANDENGEBIRGE

Es heißt, dass die Bergarbeiter*innen in den Anden ihre Minen mit dem Muki teilen, einem schlecht gelaunten Zwerg, der einen langen Bart hat, keinen Hals und riesige Füße. Seine Augen glitzern und glimmen wie das Silber und Kupfer, das er sucht. Manchmal beobachten ihn die Bergarbeiter*innen dabei, wie er ihr Werkzeug stiehlt, oder hören, wie er in den Tunneln seltsame Geräusche macht. Wenn sie ihn respektvoll behandeln und versprechen, niemandem von ihm zu erzählen, kann es sein, dass er ihnen die besten Stellen zeigt, um Metall zu schürfen. Wenn sie jedoch jemandem von ihrer Begegnung erzählen, kann es sein, dass er einen Tunnel über ihnen einstürzen lässt.

CURUPIRA

BRASILIEN

Brasilien ist zu großen Teilen mit tropischem Regenwald bedeckt, in dem der Curupira lebt, der den Wald und die wilden Tiere beschützt. Er ist ganz in Grün gekleidet, hat feuerrote Haare und, wie einige andere Feen und Naturwesen auch, nach hinten zeigende Füße. Er akzeptiert es, wenn Menschen zum Überleben jagen, doch wenn sich jemand mehr nimmt, als er braucht, oder aus Spaß jagt, wird der Curupira sehr wütend. Dann rächt er sich, indem er Fußspuren hinterlässt, die die Menschen in die falsche Richtung führen, auf dass sie sich für immer in den Wäldern verirren.

DUENDE

CHILE UND IN GANZ SÜDAMERIKA

In Chile und überall in Südamerika hört man viele Geschichten über die Duendes – kleine, koboldartige Kreaturen mit großen, spitzen Hüten. Manche behaupten, sie hätten keine Daumen. Sie leben in Wäldern, wo sie Menschen helfen, die sich verirrt haben, aber auch in Häusern, wo sie sich in den Wänden verstecken und hervorspringen, um kleine Kinder zu erschrecken, oder Gegenstände verschwinden lassen. Wenn du einen Duende im Haus hast, kannst du ihn angeblich davon abhalten, Ärger zu machen, indem du ihm den ersten Bissen von deinem Brot abgibst. Brich einfach immer ein kleines Stück ab und wirf es über deine Schulter.

SACI-PERERÊ

BRASILIEN

Wenn ein Kochtopf überkocht, die Milch sauer wird oder die Hühner entkommen, ist oft dieses schelmische, koboldähnliche Wesen schuld. Obwohl es nur ein Bein hat, kann es den Menschen problemlos durch den Wald folgen und laut pfeifen, um sie zu erschrecken. Es kann sich sogar unsichtbar machen, sodass man nur noch seine rote Mütze umherflitzen sieht. Wenn du es schaffst, ihm seine Mütze zu entreißen, muss er dir einen Wunsch erfüllen – aber das ist nicht so gut, wie es klingt. Die Mütze stinkt fürchterlich, und du wirst ihren Geruch nie wieder loswerden. Du kannst dem Saci-pererê entkommen, indem du ein fließendes Gewässer überquerst oder ein Stück Schnur fallenlässt, in das du Knoten gebunden hast. Er wird anhalten, um sie zu entknoten, und dich in Ruhe lassen.

ACALICA

BOLIVIEN

Die Acalica sind Wetterfeen aus den bolivianischen Anden. Sie leben in Höhlen oder Felsen auf den Berggipfeln und sind meist unsichtbar, weshalb man sie nur selten zu Gesicht bekommt. Wenn du dich in den Bergen verirrst, kann es sein, dass eine Acalica erscheint und dir den Weg weist. Du erkennst sie daran, dass sie wie eine winzige, verhutzelte alte Oma- oder Opafee aussieht. Es heißt, dass sie das Wetter kontrollieren (besonders Regen, Hagel und Frost) und so die Ernte beeinflussen können. Die Menschen haben oft kleine Acalica-Puppen in ihren Häusern, um ihren Segen zu erbitten.

BAKRU

SURINAM

Die Bakru aus Surinam sind seltsame und geheimnisvolle Kreaturen. Sie sehen aus wie kleine Kinder, aber nur eine Hälfte von ihnen ist aus Fleisch. Die andere ist aus Holz. Sie haben große Köpfe mit großen, schwarzen Augen und treten immer paarweise auf: ein Männchen und ein Weibchen. Es heißt, dass man mit den Bakru einen Pakt schließen kann: Sie beschützen dich und bringen dir Reichtum, wenn du versprichst, ihnen im Gegenzug deine Seele zu geben.

FEEN-RATGEBER

Solltest du dich jemals auf Feengebiet wiederfinden oder vermuten, dass Feen oder andere Natur- oder Hausgeister in deinem Haus leben – was tust du dann? Befolge diese hilfreichen Tipps und stelle sicher, dass deine Feen glücklich sind und keine Magie anwenden.

RESPEKTIERE DIE WELT DER NATUR

Feen lieben die Natur und bewachen und beschützen oft wilde Orte, also benimm dich draußen immer gut!

- Beschädige keine Bäume, verletze keine Tiere und nimm deinen Müll mit.
- Pass auf, dass du nicht in einen Ameisenhügel oder auf Pilze trittst – hier könnten Feen leben.
- Wirf keine Steine – du könntest eine unsichtbare Fee treffen.

FREUNDE DICH MIT FEEN AN

Die meisten Feen sind harmlos, solange du sie gut behandelst. Vergiss nicht ...

- Feen lieben Sahne, Butter und Milch. Stelle ihnen daher immer ein Schälchen voll hin.
- Manche Feen wissen es zu schätzen, wenn man ein kleines Häuschen für sie baut.
- Gib Hauselfen niemals neue Kleidung, wenn du sie nicht verärgern willst.

BITTE NICHT STÖREN!

- Wenn du Feen im Mondschein oder in einem Feenring tanzen siehst, störe sie nicht und geh schnell weiter – sie könnten dich sonst mit einem Zauber belegen!
- Mache auf keinen Fall mit! Das könnte dazu führen, dass die Feen dich gefangen nehmen und in ihr Reich entführen.
- Sollten Feen dich verzaubern und doch mit in ihr Reich nehmen, probiere nichts von dem, was sie dir anbieten! So bleibst du immer du selbst und hast eine Chance, zu entkommen.